豆腐×旬の食材

豆腐が主役になる56のレシピ

料理研究家　池上保子

食べもの通信社

はじめに

しょうゆをほんの少しかけるだけで、とりあえずおかずの一品になる豆腐。テイクアウトの元祖といえるかもしれません。

組み合わせる相手を選ばず、和洋中に活用でき、毎日食べても飽きのこない豆腐は庶民の味方。近年では、環境負荷が少なく、体にもやさしい代替肉としても注目されています。

豆腐には肌や髪、健康な体を作るのに欠かせないたんぱく質が多く、豆腐1丁（300g）には卵3個分、牛肉100g分が含まれています。

そのほか、レシチン（脂質代謝の改善や記憶力アップ）、イソフラボン（女性ホルモンに似た働きのほか、血管の拡張を助け、血圧降下にも）も豊富。丈夫な骨や歯を作ったり、イライラ防止に役立つカルシウムは、乳製品と同じくらい吸収率が高いです。

豆腐は手ごろな価格で手に入る、消化吸収の良いマルチ栄養剤といえそうです。

さらに野菜をたっぷり組み合わせることで、豆腐に不足しているビタミンCやカロテン、食物繊維などが摂取でき、バランスの取れた食卓を整えることができます。

家庭で作る料理は、ときには甘かったり辛かったり。でも、小さな台所から生まれる世界でたったひとつの味。心と体を育てるやさしい味なのです。

豆腐のもつパワーをもっと食卓に登場させ、親から子へ、子から孫へとわが家の味を伝承していただければ幸いです。

池上保子

もくじ

春

夏

秋

冬

春

芽吹きの季節。
みずみずしい春野菜の出番です。
香り豊かでクセがないため、
口当たりが良い豆腐とよく合います。

豆腐入りそばサラダ

豆腐はフォークなどで軽くつぶして加えると、ドレッシングが絡まりやすくなります。抗酸化作用たっぷりの野菜と、消化吸収にすぐれた豆腐を組み合わせた春のサラダを食卓へ届けましょう。

【材料】4人分

木綿豆腐……1丁
日本そば（干めん）……150g
レタス……1/4～1/2個
ミニトマト……8個
サヤエンドウ……80g
もみのり……適量（あれば）

A
- めんつゆ（2倍濃縮）……大さじ2～3
- すりゴマ（白）……大さじ2
- オリーブオイル……大さじ2
- ショウガ汁……1かけ分

1 豆腐は水切りをして*、2㎝角に切る。

2 日本そばは袋の表示に従ってやや硬めにゆで、ざるにあげて、さっと洗って水気をよく切る。

3 レタスは食べやすい大きさにちぎり、ミニトマトは半分に切る。サヤエンドウは筋を取ってゆで、水にとって冷まして水気を切る。

4 ボウルに123を入れ、混ぜたAを加えてあえる。

5 器に盛る。もみのりを上から散らすとおいしい。

＊ 水切りの方法　水気を切った豆腐をペーパータオルで包み、まな板の上に置く。まな板を斜めにして、豆腐の上に平らな皿をのせる。重しが足りないようなら、缶詰などをのせてしばらく置く。

豆腐とズッキーニのみそあえ

煮込み料理や炒めものによく使われるズッキーニ。ここでは生でサラダに利用してみましょう。ピーラーなどで薄くスライスすると、しんなりして食べやすくなります。トマトのほのかな酸味が全体を引き立てます。

【材料】4人分

木綿豆腐……1丁
ズッキーニ……1本
トマト……中2個
みそ……大さじ1と1/2
ゴマ油……大さじ1と1/2
刻みのり……少々

1 豆腐は水切りをして、2㎝角に切る。

2 ズッキーニは半分の長さに切り、ピーラーかスライサーを使って薄切りにする。

3 トマトはヘタと種を除いて、2㎝角に切る。

4 みそとゴマ油をよく混ぜ合わせる。

5 ボウルに123を入れ、4であえて器に盛り、刻みのりを散らす。

豆腐のタケノコはさみ揚げ

香りの良いタケノコの間に、豆腐と鶏ひき肉を練り合わせたものをはさんで揚げた一品。鶏肉に豆腐が入っているので、軟らかい口当たりになり、タケノコの食感との違いを楽しめます。

【材料】2～3人分

木綿豆腐……1/2丁
鶏ひき肉……100g
ゆでタケノコ……中1本
片栗粉……大さじ1
米粉* ……1カップ
油……適量

A
しょうゆ……大さじ1/2
塩……少々

1 豆腐はしっかりと水切りをして滑らかになるまでつぶし、片栗粉、鶏ひき肉、Aとよく混ぜ合わせる。

2 タケノコは、太い部分は8㎜幅の輪切り。穂先の部分は縦に8㎜幅に切る。

3 タケノコ2枚を1組にして、間に1をはさむ。

4 米粉に水を加えて濃いめの衣を作り、3にからめて、中温の油で揚げて中まで火を通す。塩を振っていただく。

＊ 揚げ衣に米粉を使うと、小麦粉のように粘りが出たりダマになったりせず、香ばしくからっと揚がって風味も。

厚揚げとサヤエンドウのみそ炒め

ピリッとした辛さと、みその風味が厚揚げによく合います。出盛りのサヤエンドウをたっぷり入れて、さわやかな緑と食感を味わいましょう。

【材料】4人分

厚揚げ……2枚
豚肩ロース薄切り肉 ……100g
赤ピーマン……2個
生シイタケ……4個
ニンジン……1/3本
サヤエンドウ……100g
ニンニク……1かけ
赤トウガラシ（種を除く）……2本
油……大さじ1

A しょうゆ、酒……各小さじ1

B
みそ、酒……各大さじ1
しょうゆ……大さじ1と1/2
砂糖……小さじ1

1 厚揚げは、熱湯を回しかけて油抜きをしてから、1㎝幅に切る。

2 豚肉は一口大に切り、Aで下味を付ける。

3 赤ピーマンはヘタと種を取り除き、乱切りにする。生シイタケは石づきを除き、そぎ切りにする。ニンジンはうすい短冊切りにする。サヤエンドウは筋を取る。

4 フライパンに油と薄切りにしたニンニク、種を除いた赤トウガラシを入れて火にかける。良い香りがしてきたら、2を入れて炒める。

5 豚肉の色が変わったら、3を加えて炒め合わせる。火が通ったら厚揚げを入れ、よく混ぜたBを加えて味を絡ませながら、大きく炒め合わせて味を調える。

豆腐とサバ缶のキムチ炒め

サバはおいしいだけでなく、栄養価が高く、血液サラサラ効果のあるDHAやEPAが豊富。缶詰ならサバ独特のにおいもなく、いろいろな料理に合いますので、常備しておくと便利です。

【材料】2人分

木綿豆腐……1丁
白菜キムチ……200g
サバの水煮……1缶
ニラ……1束
ゴマ油……大さじ1
しょうゆ……大さじ1
炒り白ゴマ……大さじ1

1 木綿豆腐は水切りをし、一口大にちぎる。

2 白菜キムチは食べやすい大きさに切る。ニラはざく切りにする。

3 フライパンでゴマ油を熱し、1を炒める。

4 サバ水煮缶を汁ごと加え、ほぐしながら炒める。キムチを加えて手早く炒め合わせ、しょうゆを回しかける。

5 ニラを加えてサッと炒め合わせたら、炒り白ゴマを指でひねりながら全体に振る。

のっけ豆腐

～マグロ、アボカド、薬味たっぷり

豆腐は木綿、絹ごしのどちらでも合います。クリームチーズやいり卵、ウニ、イクラ、トマトやキュウリの薄切りなどと組み合わせることで、お客様用にもなる一品です。

マグロ豆腐

【**材料**】2人分

豆腐…1丁／マグロの刺身…100g／
マヨネーズ…大さじ1／万能ネギ(あれば)…適量／
ワサビ、しょうゆ…各適量

1 豆腐1丁を半分に切る。

2 マグロは細かく刻み、包丁で粘りが出るまでたたいたら、マヨネーズとワサビを加えて混ぜる。

3 豆腐の上に2を盛り付け、あれば万能ネギを散らし、しょうゆを回しかける。

薬味たっぷり豆腐

【材料】 2人分

豆腐…1丁／ニンニク…1かけ／
ショウガ…1かけ／チリメンジャコ…30g／
青ジソ…1束（10枚）／油…大さじ1／
しょうゆ…適量

1 豆腐1丁を半分に切る。

2 ニンニクは薄切りにする。

3 油で2を炒め、良い香りがしたらチリメンジャコを加えて、色づくまで炒める。

4 豆腐の上に3を油ごと盛り付け、すりおろしたショウガ、青ジソの千切りをのせる。最後にしょうゆを回しかける。

アボカド豆腐

【材料】 2人分

豆腐…1丁／アボカド…1個／
マヨネーズ…大さじ1／しょうゆ…適量

1 豆腐1丁を半分に切る。

2 アボカドは種と皮を除き、滑らかになるようにフォークなどでつぶす。

3 2にマヨネーズを加えて混ぜる。

4 豆腐の上に3を盛り付け、しょうゆを回しかける。

＊ ワサビを加えても。

豆腐入りピザ

米粉に豆腐を加えたピザの生地。手軽にできておいしいですよ。小麦アレルギーや添加物の心配もなくて安心。春の恵みの山菜などをのせるのもいいですね。

【**材料**】4人分

絹ごし豆腐……1丁
米粉……1カップ
植物油……大さじ1
ケチャップ……大さじ3
ピザ用チーズ……50g
タマネギ……40g
赤ピーマン……30g
ピーマン……30g

1 米粉をボウルに入れ、豆腐を加えて崩しながらよく混ぜ合わせる。 これを2つに分けて、それぞれを3〜4㎜の厚さ、15㎝程度の大きさに丸くのばす。

2 タマネギと赤ピーマン、ピーマンは細切りにする。

3 フライパンに油の半量を薄くひき、1を弱火で焼く。薄い焦げ目がついたらひっくり返し、さらに焼いて火を通す。

4 3の1枚にケチャップの半量を塗り、ピザ用チーズの半量を広げる。半量のタマネギと赤ピーマン、ピーマンを散らし、ぴったりのサイズのふたをして弱火で焼く。チーズが溶けたら取り出す。同じように、残りの1枚も作る。

春巻き

春野菜を加えて作れば、楽しい一品になります。香りがある山ウドやフキノトウなどもおすすめです。豆腐はしっかり水切りをするのがコツ。揚げたてのおいしさを楽しみましょう。

【材料】 4本分

木綿豆腐……1/2丁
ゆでタケノコ……80g
春雨……20g
大葉……1束
春巻きの皮……4枚
揚げ油……適量

A
- ゴマ油……小さじ1
- 塩……少々
- しょうゆ……小さじ1

B
- 小麦粉……大さじ1
- 水……大さじ1/2

C しょうゆ、酢、練りカラシ……各適量

1 豆腐はしっかりと水切りをして、細かくほぐし、滑らかにする。タケノコは細切りにする。春雨はキッチンバサミで3cmの長さに切り、袋の表示に従って熱湯に浸けて戻し、しっかり水切りをする。大葉は縦半分に切り、重ねて細切りにする。

2 ボウルに1とAを加えて混ぜ、4等分する。

3 春巻きの皮に、2の4分の1の量をのせ、皮の四方の端に混ぜたBをのりがわりに塗って包む。残りも同様に包む。

4 揚げ油を170℃に熱し、3をカラッと揚げ、お好みでCを添える。

厚揚げとアサリのエスニック炒め

アサリのうま味を、厚揚げにしっかり吸収させて仕上げましょう。アスパラガスや菜の花、ウドやサヤエンドウなどの春野菜も一緒に炒めれば、見た目も美しく、栄養価もアップしてさらにおいしくなります。

【材料】 2人分

厚揚げ……1枚	春キャベツ……200g
赤ピーマン……1個	ニラ……1/2束
ニンニク……1/2かけ	アサリ……10個
ゴマ油……大さじ1	オイスターソース……大さじ1

1 厚揚げは1cm幅、春キャベツは一口大に切る。赤ピーマンは半分に切り、種を取って1cm幅に切る。ニラは4cmの長さに切る。ニンニクはみじん切りにする。

2 アサリは殻をこすり合わせるようにして、よく洗う。

3 フライパンにニンニクとゴマ油を入れて炒める。良い香りが出たらアサリとキャベツ、赤ピーマンを加えて炒め、ふたをして蒸し焼きにする。

4 アサリの口が開いたら、厚揚げとニラを加えて炒め合わせる。オイスターソースを回し入れ、全体を大きく混ぜたら3～4分炒める。厚揚げがうま味を吸ってふっくらとしたら、火を止める。

中華風豆腐の大鉢蒸し

手早くできてごちそう風。ホタテの水煮はうま味が多いので、だしいらず。弾力性も出ます。ホタテは形のほぐれた安い缶で十分です。

【材料】2人分

木綿豆腐……1丁
卵……2個
ホタテの水煮……（小）1缶
片栗粉……大さじ1

A
しょうゆ……大さじ1/2
酢……大さじ1/2
ゴマ油……小さじ1

万能ネギ……適量

1 豆腐を軽く水切りしてボウルに入れ、滑らかになるまで崩す。

2 1に卵を割り入れ、ホタテの水煮を汁ごと入れて、片栗粉を加えてよく混ぜる。

3 大きめの浅鉢に2を流し入れる。蒸し器で15分ほど蒸して火を通し、混ぜ合わせたAと小口に切った万能ネギを振る。

＊ 蒸し器がない場合は、浅鉢が入る大きさの鍋に水を2～3cmの高さまで入れる。沸騰したら浅鉢を入れ、ふたを少しずらして蒸してもよい。蒸し器を使う場合、蒸し器のふたにふきんをかませて水滴が浅鉢に落ちないようにする。

焼き豆腐のタイ風さつま揚げ

アツアツをタイ風のたれにつけて食べます。焼き豆腐を使えば、水切りは不要。ナンプラーはしょうゆで代用できます。

【材料】2人分

焼き豆腐……1/2丁
白身魚……1切
ショウガ（すりおろし）……1/2かけ

A
- 塩、コショウ、砂糖……各少々
- 片栗粉……大さじ2

B
- ナンプラー、酢……各大さじ1
- 砂糖、ゴマ油……各小さじ1
- 赤トウガラシ（輪切り）……1/2本分

植物油……適量

1 焼き豆腐は、すりつぶして滑らかにする。

2 白身魚は皮と骨を除き、細かく刻んですりつぶす。

3 ボウルに1と2を入れて、Aとショウガを加えてよく混ぜ合わせる。

4 3を4等分にして形作り、170℃に熱した植物油で揚げる。

5 Bをよく混ぜ合わせてたれを作り、4をつけて食べる。

豆腐と野菜のハーブ焼き

豆腐と一緒に春野菜をたくさん食べましょう。オリーブオイルとニンニクしょうゆの香りがおいしさを引き立てます。

【材料】2人分

木綿豆腐……1丁
赤ピーマン……1個
タマネギ……1/2個
アスパラガス……適量
塩、コショウ……各少々

A
- オリーブオイル……大さじ2
- しょうゆ……大さじ1と1/2
- ニンニク（すりおろし）…1かけ

B ローズマリー、タイム……各少々

1 豆腐は4つに切る。赤ピーマンはヘタと種を除き、4つに切る。タマネギは半分に切る。アスパラガスは硬い部分の皮をむく。

2 1に塩とコショウを振り、よく混ぜたAを全体に絡める。

3 オーブンかグリルで2を焼き、Bを振りかけて器に盛る。

油揚げの新ゴボウ巻き

新ゴボウのおいしい季節です。油揚げに鶏ひき肉を薄くのばすと、味が良いだけでなく、ゴボウが油揚げとしっかりまとまって食べやすくなります。

【材料】 2人分

油揚げ……2枚
鶏ひき肉……60g
新ゴボウ……1本
かんぴょう……適量

A
- しょうゆ……小さじ1
- 片栗粉……小さじ1

B
- しょうゆ……大さじ1
- みりん……大さじ2
- 塩……少々
- だし汁……2カップ

1 油揚げは、熱湯をかけて油抜きをする。粗熱がとれたら短い1辺を残して3辺を切って、破らないように気をつけながら開き、半分に切って計4枚にする。

2 新ゴボウは油揚げの幅に切り、たっぷりのお湯でゆでて四つ割りにする。

3 かんぴょうは水で戻す。

4 鶏ひき肉にAを加えて混ぜ、4等分にし、油揚げの内側に薄くのばす。その上に新ゴボウをのせ、端からしっかりと巻き、かんぴょうで縛る。

5 鍋にBを入れ、4を並べ入れて煮含ませる。

かんたん豆腐ドライカレー

肉を使わなくても、豆腐やツナ缶、サバ缶などでうま味を出し、ドライカレーを楽しむことができます。さらにガラムマサラ（インド料理で使われているミックススパイス）を加えると、香りが引き立ちます。

【**材料**】2人分

木綿豆腐……1丁
ツナ……（小）1缶
タマネギ……1/2個
ニンジン……1/2本
ニンニク……1/2かけ
植物油……大さじ1
ご飯……適量

A
- カレー粉……大さじ1
- ケチャップ……大さじ1
- しょうゆ……大さじ1
- 塩……少々
- コショウ……少々
- コンソメスープの素（固形）……1/2個

1 豆腐はしっかりと水切りしたあと、細かくつぶす。

2 タマネギ、ニンジン、ニンニクはみじん切りにする。

3 フライパンで油を熱し、2を炒める。野菜に火が通ってやわらかくなったら、ツナと豆腐を加え、炒めて水気を飛ばす。

4 3にAを加えて炒め合わせ、味をなじませる。

5 器にご飯を盛り、4をかける。

豆腐のオムレツ

卵に豆腐やきのこを加え、片栗粉を入れてまとまりやすくしてみました。マヨネーズを入れると、味が丸くなり、風味が出ます。

【材料】2人分

木綿豆腐……1/2丁
鶏ひき肉……50g
卵……2個
ニンジン……40g
生シイタケ……2枚
万能ネギ……1本
片栗粉……大さじ1
植物油……大さじ1

A
塩……少々
コショウ……少々
マヨネーズ……適宜

1 豆腐はしっかりと水切りをする。ニンジンと生シイタケは千切り、万能ネギは小口切りにする。

2 油(分量外)でニンジン、生シイタケを炒める。

3 ボウルに豆腐を入れて細かくつぶし、片栗粉、鶏ひき肉と卵を加えて混ぜる。2と万能ネギ、Aを入れてさらに混ぜる。

4 フライパンに油を入れて熱し、3を流し入れて中火よりやや弱火で焼く。全体が固まり、焼き目が薄くついたら、上下を返して火を通す。粗熱がとれたら、食べやすい大きさに切る。

Side Dish

麻婆豆腐 発祥の店

中国四川省の成都に「陳麻婆豆腐店」という麻婆豆腐発祥の店があります。安くておいしいので、成都に行くたびに、その店に吸い寄せられるように足が向いてしまいます。舌がピリピリしびれるくらいの「花椒《ホウシャオ》」という中国の山椒がきいていて、深みのあるピリ辛味は、食べている途中で汗ばんでくるほどです。

成都は盆地なので、冬は寒く、夏は温度が高くて蒸し暑い。したがって香辛料のきいた料理が代謝を高め、食欲増進に役立つのでしょう。

あばたという意味をもつ「麻」という字と、妻というような意味をもつ「婆」の字が示すように、麻婆豆腐はあばたのある陳さんの奥さんが、あり合わせの豆腐で作った料理といわれています。

どんな料理にもどんな味にもなじんで、人を魅了する豆腐のすばらしさに、いつも感心してしまいます。

江戸時代は高級品 地方色も豊かな油揚げ

古くから愛されてきた油揚げは、家計にやさしい食材で庶民の味方です。しかし、昔は身分の高い武士や僧侶など、一部の人しか食べることができない高級品でした。油は灯明用で、大変貴重なものだったからです。

江戸中期になると、ナタネなどの作付面積が増え、油の生産量も増加したので、油揚げは庶民にも届く食材になりました。当時、油は火事になりやすいため、家の中で調理することが禁じられていました。そのため、屋台が出現するようになり、揚げ物を手軽に食べられるので、人気をよびました。そのころ油揚げは「豆腐揚げ」とよばれ、天ぷらの変わり種として考案されたようです。

油揚げは、次第に全国に広まり、新潟県のジャンボな栃尾揚げ、油揚げ消費量が全国平均の約2倍である福井県の分厚い油揚げなど、それぞれの土地で工夫されて根付いています。

夏

夏の太陽を浴びた野菜は、
天然のマルチビタミン剤。
消化吸収が抜群で、
胃腸にやさしい豆腐を一緒に使うことで、
パワーチャージができます。

豆腐の寒天寄せ

寒天の食物繊維は、約１００倍の水を吸収するといわれています。多くの水分を保持したまま腸へ到達した寒天は、糖の吸収速度を遅くしたり、血中コレステロールの低下や腸内環境を整えて排便を促します。冷やして食べると、暑い日には涼しげで食欲も出ます。

【材料】２人分

絹ごし豆腐……1/2丁
トマト……1/2個
エダマメ……10粒
サケの水煮……1/2缶（50g）
だし汁……2カップ

A
- しょうゆ……少々
- 塩……少々

粉寒天……6g
麺つゆ……適量
練りカラシ……少々

1 豆腐は1㎝角に切る。トマトも湯むきし、種を除いて1㎝角に切る。エダマメはゆでて、サヤから豆を取り出し、薄皮をむく。サケ缶は水気を切り、皮と骨を取り除いてほぐす。

2 鍋にだし汁と粉寒天を加え、混ぜながら強火にかける。沸騰したら中火にして3～4分煮る。火からおろして少し冷まし、Aを加えて混ぜる。

3 バットなどの容器に1の具材を入れ、2を流し入れ軽く混ぜて冷ます。固まったら、食べる前にラップをして冷蔵庫で冷やす。

4 切り分けて器に盛り付け、麺つゆを回しかけ、練りカラシを添える。

豆乳入り カロテンポタージュ

ニンジンやカボチャには、カロテンがたっぷり。自然の甘味ときれいな色がおいしさを引き立てます。免疫力をアップさせ、粘膜や肌を守り、老化防止にも役立つ一品です。油を使わず手軽に作れ、ご飯でとろみをつけているので、胃の悪い人やお年寄りから赤ちゃんまで安心して食べられます。

【材料】 2人分

ニンジン……1本
カボチャ……1/8個
ご飯……大さじ2
豆乳……2カップ
塩……少々（お好みで）

1 ニンジンは薄切りにする。カボチャは皮と種を取り除き、薄切りにする。

2 鍋に1とご飯を入れて、具材が隠れるぐらいまで水を注ぐ。火にかけて、沸騰したら弱火にして軟らかくなるまで煮る。

3 2の粗熱がとれたら、ミキサーにかけて滑らかにし、鍋に移して豆乳を加えて温める。お好みで、味を塩で薄く調える。冷やして食べてもおいしい。

トマト入り麻婆豆腐

おなじみの麻婆豆腐にトマトを加えると、さっぱりして食べやすくなり、栄養価もアップします。わが家の人気定番料理のひとつです。

【材料】2人分

木綿豆腐……1丁
豚ひき肉……100g
トマト……大1個

A
- ネギ（みじん切り）……1/2本分
- ニンニク（みじん切り）……1かけ分
- ショウガ（みじん切り）……1/2かけ分
- 豆板醤……小さじ1
- 植物油……大さじ1

B
- 水……1/3カップ
- 鶏ガラスープの素……少々
- しょうゆ、赤みそ……各大さじ1/2
- 砂糖……少々
- 片栗粉……大さじ1/2
- 万能ネギ（小口切り）……1本分

1 豆腐は10分ほど重石をのせ、水切りをする。厚みを半分に切り、2cm角に食べやすく切る。

2 トマトは湯むき*をし、2cm角に切る。

3 フライパンに油を熱し、Aを入れて炒める。香りが出てきたら豚ひき肉を加えて、さらに炒める。

4 よく混ぜ合わせたBを入れ、煮立ったら1と2を加えて煮る。豆腐に火が通り、トマトが少し崩れかけてきたら火を止める。

5 器に盛り付け、万能ネギを散らす。

＊ トマトをお玉にのせて沸騰した湯に20秒程度くぐらせ、冷水に浸けて皮をむく。最初にヘタを取り、ヘタの反対側に十文字の切れめを入れてから湯に入れると、皮がむきやすい。

豆腐入りギョーザ

豆腐は十分に水切りをして、ツナと合わせます。ツナが豆腐になじんで、あっさりとしたおいしさに。青ジソをたっぷり入れることで、香りが良くなります。

【材料】 2人分

ギョーザの皮……12枚
木綿豆腐……1/2丁（150g）
ツナ缶……70g（小1缶）
青ジソ……2束（20枚）

A
ゴマ油……小さじ1
しょうゆ……小さじ1

ゴマ油……大さじ1/2
◉ギョーザのたれ
しょうゆ、ラー油、酢……各適量

1 豆腐はしっかりと水切りをする。

2 青ジソは縦半分に切り、それを重ねて千切りにする。

3 ボウルに1の豆腐を入れて細かくつぶし、ツナ、2の青ジソ、Aを加えてよく混ぜて練る。

4 ギョーザの皮の周りを水で濡らし、3を入れて包む。

5 フライパンにゴマ油を熱し、4を並べて入れる。キツネ色の焦げ目が付いたら水を入れ、ふたをして中まで火を通す。

6 焼き上がったら皿にとり、好みで調整したたれをつけて食べる。

豆腐入り冷製和風パスタ

たんぱく質も野菜も入っていてバランスのとれた初夏のパスタ。少し蒸し暑い日でも、あっさりと食べることができる一品です。青ジソを刻んで加えると、さわやかでさらにおいしくなります。

【**材料**】２人分

スパゲティ……150g
甘塩サケ……１切
トマト……2個
木綿豆腐……１丁
大根……200g

A
オリーブオイル……大さじ2
麺つゆ……大さじ2
すりおろしニンニク……1/2かけ分

1 スパゲティは袋の表記に従って、たっぷりのお湯でゆでる。冷水にくぐらせて冷まし、ざるにあげてよく水気を切る。

2 サケは焼いて皮と骨を取り除き、身をほぐす。

3 トマトと豆腐は1㎝角に切る。よく混ぜ合わせたAを絡めて下味を付ける。

4 大根はすりおろして軽く水気を切る。

5 スパゲティに2、3を加え、全体を混ぜて器に盛りつける。残ったAを回しかけ、4を散らす。

揚げ豆腐とコマツナの炊き込みご飯

しっかり水切りをした豆腐を、多めの油を入れたフライパンで焼くように揚げます。コマツナが苦手な子どもでも大丈夫。カルシウムたっぷりで手軽にできる炊き込みご飯です。

【材料】 2人分

米……2カップ
だし汁……2カップ
木綿豆腐……1丁

A
しょうゆ……大さじ1/2
みりん……小さじ1

小麦粉、揚げ油……各適量
コマツナ……200g
ニンジン……50g
チリメンジャコ……30g
ショウガ……1かけ
ゴマ油……小さじ1

B
しょうゆ……大さじ1
塩……小さじ1/3

もみのり……適量
青ジソ……4枚

1 炊飯器に洗った米とだし汁を入れて浸けておく。

2 豆腐は十分に水切りをして1cm角に切り、Aで下味を付ける。小麦粉（または米粉）をまぶし、170℃の油で色づくまで揚げる。

3 コマツナは3cmの長さに切り、ニンジンは色紙切り、ショウガは千切りにする。

4 フライパンにゴマ油を入れ、コマツナとニンジンをサッと炒める。チリメンジャコとショウガを加え、Bを加えて1～2分炒める。汁ごと1の米の上にのせて普通に炊き上げる（米に混ぜ込むと、炊きむらができ、米に芯が残ることがある）。

5 炊き上がったら2を混ぜ込む。器に盛りつけ、もみのりと細切りにした青ジソをのせる。

豆腐のかき揚げ

豆腐も立派なかき揚げのタネになります。サクラエビや小柱など好みの具材と組み合わせたり、のりにはさんで揚げてもおいしいです。

【材料】2人分

木綿豆腐……1/2丁
長ネギ……1/2本
トウモロコシ……大さじ2
（ない場合は、国産缶詰のホールコーン）
紅ショウガ……20g
卵（小）……1個
水……適量
小麦粉……1/2カップ
植物油……適量

A
だし汁……大さじ4
みりん……大さじ2/3
しょうゆ……大さじ1

1 木綿豆腐はしっかり水切りをし、厚さを半分にして2㎝角ぐらいに切る。キッチンペーパーで軽く押さえて水気を除き、茶こしなどに小麦粉（分量外）を入れて、上から軽く振っておく。

2 ネギは小口切り、トウモロコシは粒を外す（缶詰の粒コーンは水気をよく切る）。紅ショウガはみじん切りにする。

3 卵を割りほぐし、水を加えて2分の1カップの量にしてよく混ぜる。この中に小麦粉を加えてさっくり混ぜて、衣を作る。

4 3に、1と2を入れて、豆腐が崩れないように混ぜる。

5 170℃に熱した油に、スプーンですくって落とし入れて揚げる。

6 Aを煮立てて天つゆを作り、5につけていただく。

豆腐とゴーヤのエスニック風サラダ

ゴーヤの苦手な人は、サッとゆでてから薄切りにし、塩もみすると食べやすくなります。刻んだピーナッツのほか、砕いたポテトチップスを振ってもおいしいです。

【材料】 2人分

木綿豆腐……1丁
トマト……1個
ゴーヤ……1/2本
ピーナッツ（お好みで）……大さじ1

A
干しエビ（みじん切り）……20g
長ネギ（みじん切り）……1/5本
ショウガ（みじん切り）……1/2かけ
酢……大さじ1
しょうゆ……大さじ1
ゴマ油……大さじ1
砂糖……小さじ1/4

1 木綿豆腐は軽く水切りをして、一口大に切る。

2 トマトはヘタと種を除き、一口大に切る。

3 ゴーヤは縦半分に切り、スプーンなどで種とワタを取り除き、熱湯でさっとゆでて水にとる。粗熱をとってから薄切りにし、軽く塩（分量外）を振り、もんで水気をしぼる。

4 ボウルに123を入れ、よく混ぜ合わせたAを加えてあえる。器に盛ってから、刻んだピーナッツを振る。

厚揚げのはさみ煮

厚揚げの間に具材をはさみ、じっくり煮込んだ一品。わが家では人気メニューの一つです。多めに作って、次の日も楽しんでください。

【材料】 2人分

厚揚げ……1枚
鶏ひき肉……50g
ニンジン……20g
サヤインゲン……2本
片栗粉……適量

A
しょうゆ……小さじ1/2
砂糖……少々

B
だし汁……1カップ
しょうゆ……大さじ1
みりん……大さじ2

1 厚揚げは熱湯をかけて、油抜きをする。長さを半分に切り、それぞれを斜めに切って三角形にする。

2 厚揚げの白い部分を少しくりぬき、具を詰めやすくする。

3 ニンジンとサヤインゲンは、軽くゆでて粗みじん切りにする。鶏ひき肉とA、くりぬいた豆腐の部分を加えてよく練り混ぜる。

4 厚揚げのくりぬいた部分に片栗粉を振り、3をぎゅっと詰め込み、上から片栗粉を薄く振る。

5 Bを沸騰させ、4を入れて煮立ったら火を弱め、落としぶたをしてじっくり煮含め、火を通す。

豆腐入りチヂミ

豆腐を入れると栄養価が高まり、口当たりも軟らかくなって食べやすいです。ニラやシュンギク、サヤインゲン、ナスなどを入れてもおいしく作れます。市販のスイートチリソースをつけて食べると、また違ったおいしさに。

【材料】 4人分

木綿豆腐……1丁
米粉……1カップ
卵（Mサイズ）……1個
カボチャ……100g
青ジソ……1束
干しサクラエビ……10g
油……大さじ1/2

A
- しょうゆ……大さじ1と1/2
- 酢……大さじ1/2
- ゴマ油……小さじ1
- 豆板醤……少々

1 ボウルに豆腐を入れて滑らかになるまで崩し、割りほぐした卵を加えてよくかき混ぜる。米粉を加え混ぜてもまだ硬いようなら、水を少しずつ様子を見ながら加える（豆腐の水分量によって、加える水の量が変わる）。

2 カボチャは種を除き、傷がある固い皮の部分を除いて細切りにする。青ジソの葉は縦半分に切り、細切りに。サクラエビは粗く刻む。

3 1に2を加えて混ぜる。

4 フライパンに油を入れて熱して3を流し入れ、表面を平らにする。薄い焦げ目がついたら上下を返し、軽く押さえ、両面を焼いて火を通す。

5 網の上などに置いて冷ます。粗熱がとれたら食べやすい大きさに切り、混ぜ合わせたAを付けて食べる。

豆腐のチリソース煮

暑くて食欲がないときも、ピリッと甘酸っぱいタイ風のこの一品は食が進みます。豚肉や白身魚の切り身、さつま揚げを食べやすく切ったものなどを加えてもおいしいです。

【材料】 4人分

木綿豆腐……1丁
塩、コショウ……各少々
小麦粉……適量
生シイタケ……4枚
タマネギ……1個
長ネギ……2本
ショウガ、ニンニク……各1かけ

A
しょうゆ、チリソース……各大さじ2
砂糖……大さじ1
中華風スープ……大さじ3
油……大さじ1

1 木綿豆腐は水切りをする。5㎝角に切って塩とコショウを振り、小麦粉を薄くまぶす。

2 生シイタケは石づきを取って半分に切る。タマネギは食べやすく、くし形切りにする。長ネギは3㎝長さのぶつ切りにする。

3 ショウガとニンニクはみじん切りにする。

4 フライパンに油と3を入れて熱し、良い香りがしたら2を入れて炒める。

5 火が通ったらAを入れ、1を加えて味を絡めながら、崩れないように混ぜて火を通す。

豆腐入り ふんわりポテサラ

つぶしたジャガイモに豆腐を加えて、口当たりと栄養価をアップした夏バテ防止の一品です。豆腐は生の状態で使用するので、新鮮なものを用い、よく水切りをしてから作りましょう。

【材料】 4人分

絹ごし豆腐……1丁
ジャガイモ……中4個
ニンジン……1/3本
キュウリ……1本
卵（Mサイズ）……2個

A
マヨネーズ……大さじ4
すりゴマ入りポン酢……大さじ1
塩、コショウ……各少々

1 絹ごし豆腐は粗くほぐして、キッチンペーパーを敷いたザルに広げ、上からキッチンペーパーを乗せて軽くおさえてよく水切りをする。

2 ジャガイモは皮をむいて4等分にし、ニンジンは縦4つ割り。キュウリは薄切りにして塩少々（分量外）振る。しんなりしたら水気をしぼる。

3 鍋に水を入れ、ジャガイモ、ニンジン、よく洗った卵を入れて一緒にゆでる。沸騰して10分ほどしたら卵を取り出し、冷水につけて冷ます。冷めたら殻をむいて、粗みじん切りにする。

4 ジャガイモに火が通ったら、ざるにあげて水気を切る。

5 ジャガイモはボウルに入れて、ていねいに滑らかになるまでつぶす。粗熱がとれたら1とAを加え、滑らかになるよう混ぜる。

6 ニンジンはイチョウ切りにし、キュウリ、卵と一緒に5に加えて混ぜる。

Side Dish

江戸時代　庶民に普及した豆腐

豆腐は奈良時代に中国から伝わり、当初は僧侶の間で、やがて精進料理の普及とともに、貴族や武家社会に広まったといわれています。

庶民の食べものとして定着したのは、江戸時代の中期ごろから。１７８２年に出版された料理本『豆腐百珍』が大ベストセラーになったことからも、豆腐の人気がうかがえます。

豆腐は腐ってもいないのに、なぜ「腐」の字を使うのでしょうか。じつは、中国語の「腐」には「液状のものが寄り集まって、固形状になった軟らかいもの」という意味があるそうです。

豆腐は朝鮮半島、台湾、ベトナム、カンボジア、タイ、ミャンマー、インドネシアなど広範囲な地域で日常的に食べられています。欧米でも健康食品やダイエット食品として、スーパーで売られるまでになっています。

『豆腐百珍』から見える豆腐の調理法

『豆腐百珍』には、１００種の豆腐料理の調理方法が書かれています。手に入りやすく、どんな料理にも使いやすい豆腐の料理本とあって庶民に喜ばれ、人気を博したようです。

調理法は多い順に煮るのが55品、焼くのが20品、揚げるのが16品など。使った調味料の多い順は、しょうゆ44品、みそ18品、酢3品、塩3品などです。

おなじみの木の芽田楽、豆腐に同量のナガイモをすり混ぜて作ったはんぺん豆腐、さいころ状に切って揚げたさいころ豆腐、クスッと笑えるのが、ぶっかけうどん豆腐（うどん状に切った豆腐に、しょうゆ、かつお節、大根おろし、長ネギ、トウガラシを振って食べるもの）。なじみのものから奇抜なものまでいろいろあり、当時の庶民の暮らしが垣間見える１冊です。

秋

きのこや秋野菜と
豆腐を組み合わせた料理は、
夏の暑さで疲れた体に効果的。
スパイシーな味付けも、
食欲増進に役立ちます。

焼き豆腐と塩サケの炒め煮

肉を使用しなくても、甘塩サケを利用すると、ヘルシーなおいしさを味わうことができます。海に囲まれた日本には、サケを利用した汁物、煮物、あえものなどの料理が数多くあります。

【材料】 2人分

焼き豆腐……1丁
甘塩サケ……1切
長ネギ……1本
ショウガ……1かけ
生シイタケ……4枚
シメジ……1/2パック
ゴマ油……大さじ1

A
中華スープの素……少々
酒……大さじ1
塩……少々

片栗粉……大さじ1/2

1 焼き豆腐は縦半分に切り、さらに3㎝幅に切る。

2 長ネギは斜め切りにする。ショウガはみじん切りにする。シイタケは石づきを取り、食べやすい大きさに切る。シメジは石づきを取り、ほぐす。

3 甘塩サケは軽く焼いて皮と骨を除いてほぐす。

4 フライパンにゴマ油を入れて熱して2を炒める。3と水1/2カップ、Aを加え、沸騰したら焼き豆腐を加えて煮る。

5 倍量の水で溶いた片栗粉を回し入れ、焼き豆腐が崩れないように混ぜながらとろみをつける。

卯の花炒め

日本の定番、おふくろの味です。作ってから1日置いたほうが、味がなじんでおいしくなります。シメジやエノキタケなどのきのこ類を多めに入れると、秋らしい一品になります。

【材料】 4人分

おから……100g
ゴボウ……1/2本
シメジ……1/2パック
ニンジン……1/3本
ネギ……1本
鶏ひき肉……100g
植物油……大さじ2
だし汁……2カップ

A
- 薄口しょうゆ……大さじ2
- みりん……大さじ2
- 塩……少々

1 ゴボウはささがきにする。ニンジンは薄いイチョウ切り。シメジは石づきを取ってほぐす。ネギは小口切りにする。

2 鍋に植物油を入れて熱し、鶏ひき肉を炒める。肉の色が変わったら1の野菜を入れて炒める。油がなじんだら、おからを加えてさらに炒め合わせる。

3 2にだし汁とAを加え、混ぜながら中火で煮る。汁気がなくなったら火を止める。

豆腐のコロッケ

お肉の代わりに豆腐を使ったヘルシーコロッケです。豆腐とジャガイモのつなぎ役に小麦粉か片栗粉を少し入れると、形がまとまりやすく、口当たりも良くなります。

【材料】 2人分

木綿豆腐……1/2丁
ジャガイモ……2個
小麦粉……大さじ1
塩……少々
コショウ……少々
小麦粉（衣用）……適量
パン粉……適量
揚げ油……適量

1 豆腐はしっかりと水気を切り、滑らかになるまでつぶす。

2 ジャガイモはゆでて皮をむき、滑らかになるまでつぶす。

3 ボウルに1と2を入れてよく混ぜ、小麦粉、塩、コショウを加えてさらに混ぜ合わせる。コロッケの形に整える。

4 小麦粉に水（分量外）を加えて溶き、濃いめの衣を作る。3をくぐらせ、パン粉をまぶし、熱した揚げ油でカリッと揚げる。

＊ 材料に火が通っているので、少ない油でも。

豆腐まんじゅう

意外と手軽にできて、ごちそうに見える一品です。だしのきいたあんをかけることで、食べやすくなり、おいしさを楽しめます。きのこやニンジン、ネギなどを入れた五目あんにするのも良いでしょう。

【材料】4人分

木綿豆腐……1丁
小麦粉………2/3カップ
鶏ひき肉……80g
ニンジン……1/4本
生シイタケ……2枚
片栗粉……小さじ1

A
- だし汁……1/2カップ
- しょうゆ……大さじ2/3
- 砂糖……小さじ1/2

B
- だし汁……1カップ
- しょうゆ……大さじ1/2
- みりん……大さじ1/2
- 塩……少々

片栗粉……大さじ1/2

1 豆腐はしっかり水切りをする。

2 ニンジン、シイタケは粗みじんに切り、鶏ひき肉とともに小鍋に入れ、Aを加えて煮て火を通す。煮汁が少なくなったら水溶き片栗粉（小さじ1）を加えて、手早く混ぜてとろみをつける。

3 水切りした1の豆腐をボウルに入れて細かくつぶし、小麦粉を加えて滑らかになるまでよく混ぜる。

4 2と3を4等分にする*。3を広げ、中央に2をのせて包み、湯気の上がった蒸し器に入れて20分ほど蒸す。

5 熱いうちに、ラップ1枚に4を1個のせ、茶巾形に形を整える。

6 小鍋にBのだし汁を入れて煮立て、残りのBの調味料を加えて味を調え、水溶き片栗粉（大さじ1/2）でとろみをつける。

7 器に5を入れ、6をかける。

＊ 4等分にするとき、手に油を塗ると扱いやすい。

豆腐ときのこのチャーハン

時間のあるときは、豆腐をあらかじめフライパンで空いりして、しょうゆなどで下味をつけてから、ご飯に加えてみましょう。カキ油で味を調えますが、しょうゆでもおいしくできます。

【材料】4人分

木綿豆腐……1丁
シメジ……1パック
ニンジン……1/2本
レンコン……100g
コマツナ……1/2束
ツナ缶……1缶(70g)
ご飯……4人分

A
塩……少々
コショウ……少々
カキ油……大さじ1

油……大さじ1

1 木綿豆腐はしっかりと水切りをし、1cm角に切るか、泡立て器などで、そぼろ状にする。

2 シメジは石づきを取って粗く刻む。

3 ニンジン、レンコン、コマツナは粗みじん切りにする。

4 油で2と3を炒め、火が通ったら、ご飯とツナ缶*、豆腐を加えて、全体を大きく混ぜながら炒め、Aで味を調える。

* ツナ缶は、オイル漬けのものはそのまま加え、スープ入りのものは汁気を切って入れる。

豆腐とジャコの和風サラダ

チリメンジャコをたっぷり加えて、カルシウムをとりましょう。ニンニクの香りが食欲を誘います。コマツナをレタスやシュンギク、ゆでた長ネギにしてもおいしいです。

【**材料**】4人分

木綿豆腐……1丁
コマツナ……1束
トマト……中1個
チリメンジャコ……40g
ニンニク……1かけ
しょうゆ……大さじ2
塩……少々
コショウ……少々
油……大さじ2

1 豆腐は軽く水切りをして、2cm角に切る。

2 コマツナはゆでて水にとり、しぼって3cmの長さに切る。

3 トマトは種を取り、1cmの角切りにする。

4 小鍋に油を入れ、薄切りにしたニンニクを加えて弱火にかける。良い香りがしたら、チリメンジャコを加え、少し火を強めて炒める。こんがりとしてきたら、火を止め、しょうゆを入れて混ぜる。

5 2と3に塩とコショウをし、4の半量を加えて混ぜる。

6 器に盛り、5の上に豆腐をのせ、残りの4を回しかける。

豆腐のなると巻き（2種）

ゆでたニンジンや赤ピーマン、サヤインゲンなどを加えて巻いても、彩りが良くて、おいしそうに仕上がります。今回は、のり巻きと油揚げ巻きの2種類を作ります。お弁当にも喜ばれる一品です。

【**材料**】2人分

木綿豆腐……1丁
鶏ひき肉……50g
片栗粉……大さじ1

A
- ショウガ汁……1かけ分
- みそ、しょうゆ……各小さじ1
- 塩……少々

B
- しょうゆ……小さじ1/2
- みりん……小さじ1/2

板のり……1枚
油揚げ……1枚
植物油……小さじ1

1 木綿豆腐は、しっかりと水切りをする。

2 1をすり鉢でする。滑らかになったら鶏ひき肉とAを加え、さらにすり混ぜる。

3 油揚げは3辺を切り落とし、破かないように広げる。

4 巻きすにのりを敷き、2の半量をのせて、薄く広げて端から巻いていく。

5 巻きすに3の油揚げを敷き、Bを塗る。残りの2をのせて薄く広げ、端から巻いていく。

6 熱したフライパンに薄く植物油を塗り、巻き終わりを下にして4と5を入れる。巻き終わりがくっついたら、転がしながら焼き、ふたをして中までしっかりと火を通す。火が通ったら、ふたを取って水気を飛ばす。

7 焼き上がったらざるにのせて冷まし、一口大に切る。

チーズ入り豆腐のはさみ揚げ

豆腐とチーズは相性が良いです。小麦粉の代わりに米粉を利用すると、食感が変わり、また違ったおいしさが楽しめます。揚げたてをいただきましょう。出来上がりに粉チーズを振ってもいいですね。

【**材料**】2人分

木綿豆腐……1丁
スライスしたプロセスチーズ……4枚
青ジソ……4枚
塩、コショウ……各少々
小麦粉……適量
植物油……適量

1 木綿豆腐は、しっかりと水切りをする。横4等分に切り、真ん中に切れ目を入れる。1切れずつ、塩とコショウを振る。

2 切れ目に小麦粉を薄く振り入れる。

3 チーズに青ジソを巻いて、切れ目に差し込む。

4 全体に小麦粉をしっかりとまぶし、170℃に熱した揚げ油でカリッと揚げる。または、少し多めの植物油で焼き揚げに。

5 少し冷めたら、食べやすい大きさに切る。

豆腐入りカレー

ゆでた金時豆やヒヨコ豆、大豆などを入れてもおいしいです。冷蔵庫に残った野菜、きのこなども利用して、体力アップに役立てましょう。

【**材料**】2人分

木綿豆腐……1丁
タマネギ……1個
ニンジン……1/4本
カボチャ……100g
ナス……1本
コマツナ……1/4束
だし汁……3カップ
カレールウ……40g
植物油……大さじ1/2
ご飯……2人分

1 木綿豆腐は軽く水気を切り、一口大に切る。タマネギは薄切り。ニンジンは乱切り。カボチャは種を取り除き、一口大に切る。ナスは1cm厚さの輪切りに。コマツナはざく切り(3cm)にする。

2 鍋で油を熱してタマネギを炒める。透き通ってきたら、ニンジンとカボチャ、ナスを入れて軽く炒め、だし汁を加えて煮込む。具に火が通ったら、コマツナを加えて火を通す。

3 カレールウを加えて煮溶かし、豆腐を加えて5～6分煮込む。

4 ご飯とともに器に盛り付ける。

こうや豆腐の卵とじ

こうや豆腐は水で戻し、だしを含ませてふっくら煮上げます。卵は半熟の状態で火を止めるのがコツです。

【材料】 2人分

こうや豆腐……1枚(約16g)
ニンジン……1/4本
生シイタケ……2枚
卵……2個
ミツバ……1/2袋
植物油……大さじ1/2
だし汁……1/2カップ

A
しょうゆ……大さじ2/3
みりん……大さじ1
塩……適量

1 こうや豆腐は中が軟らかくなるまで戻し、水気をしぼり、食べやすい大きさの短冊に切る。

2 ニンジンも短冊に切り、生シイタケは石づきを取って、薄切りにする。

3 鍋に油を熱して2を炒め、だし汁を加えてひと煮立ちさせたら、Aで味をつける。ここに1を入れて軟らかくなるまで煮る。

4 卵を割りほぐして3に回し入れ、3cmの長さに切ったミツバを上に散らし、ふたをして、卵が半熟になったら火を止めて、少し蒸らす。

豆腐ステーキ野菜あんかけ

豆腐に米粉をしっかりまぶして、カリッと焼いている間に野菜あんを仕上げるのが、アツアツでおいしく食べるコツです。

【材料】2人分

木綿豆腐……1丁
しょうゆ……大さじ1/2
米粉(または小麦粉)……適量
植物油……適量
モヤシ……1/2袋
ニンジン……1/4本
サヤエンドウ……10枚
ショウガ……1/2かけ
ゴマ油……大さじ1/2

A
- しょうゆ……大さじ1/2
- みりん……大さじ1/2
- 塩……少々

だし汁……1/2カップ
片栗粉……小さじ1

1 豆腐は重しをして、軽く水切りをしたら、長さを半分に切り、厚みを2等分にする。

2 しょうゆを1の全体に塗り、米粉(または小麦粉)をまぶす。

3 油で両面をこんがりと焼く。

4 モヤシは洗って水気を切り、ニンジンは千切り、サヤエンドウは筋を取って斜め細切りにする。ショウガは千切りにする。

5 ゴマ油で4を炒め、だし汁を加えて煮る。沸騰して材料に火が通ったら、Aで味を調え、水溶き片栗粉でとろみをつけてひと煮立ちさせる。

6 焼き上がった豆腐に5をかける。

Side Dish

おからは日本のスーパーフード

豆腐を作ったときにできる「おから」は、「茶がら」などと同じ「から」にていねい語の「御」をつけたものです。ただし、「から」は「空」に通じるため忌避される傾向も。色が白いことから、6月に咲く白いウツギの花の別称「卯の花」に例えられてもよばれるようになりました。

おからは低カロリーで、良質のたんぱく質を含み、食物繊維たっぷりの日本のスーパーフードです。脳の活性化に働くレシチンや、活性酸素の働きを抑制し、老化防止に役立つサポニンなどを含むすぐれた健康食品です。

おからは日もちがしないので、乾燥させて粒子を細かくサラサラにしたおからパウダーとして売り出されています。カロリーダウンと、食物繊維の整腸作用を目的として、料理や飲み物に混ぜ込んだり、クッキーやケーキに使ったりして人気です。

心に残るおいしい豆腐

学生時代に僻《へき》地《ち》調査をしていました。山奥の小さな村を訪ねたとき、村の人が差し入れてくれた手作りの豆腐を一口食べて、あまりのおいしさにびっくりしたことがあります。豆の甘さとほのかな香り、コクとしっとりした食感を、50年以上過ぎたいまでも思い出せます。

村には泉が何カ所かあり、そこで野菜を洗い、トマトなども冷やしていました。井戸水もおいしくて、何杯もおかわりして飲んだ記憶があります。

大豆は昼夜の寒暖差があるほうが、甘みやたんぱく質が増し、おいしくなります。良質の水も豆腐作りには欠かせません。石臼をひいて作った豆腐は、珠玉の宝物です。

あれから日本だけでなく、中国、台湾、ベトナム、ヨーロッパなどでも豆腐を食べましたが、あの村で食べた豆腐以上においしい豆腐には、まだ出会っていません。

冬

体の内側から
じっくり温める料理は、
免疫力を高めます。
ハクサイや大根などの冬の食材と
豆腐を組み合わせて、
寒さを乗り切りましょう。

棒がんも

棒形にすると揚げやすく、食べやすいです。鶏ひき肉を入れると、子どももよく食べます。ホタテの貝柱、タマネギ、レンコン、シメジなど身近な具材で変化をつけて楽しみましょう。

【材料】 2人分

木綿豆腐……1丁
ヤマイモ……40g
ニンジン……30g
キクラゲ(乾燥)……2枚
サヤエンドウ……5枚
鶏ひき肉……50g
塩……少々
片栗粉……大さじ1/2
植物油……適量

1 豆腐は布巾(またはキッチンペーパー)に包み、元の60%の重さになるぐらいまで、水気をしぼる。

2 1をすり鉢などでよくすり、皮をむいてすりおろしたヤマイモと塩、片栗粉を加えて、さらによくすり混ぜる。

3 2cmの長さに千切りにしたニンジン、水で戻して2cmの長さに切ったキクラゲ、筋を取って斜め切りにしたサヤエンドウと鶏ひき肉を2に加えてよく混ぜ、4〜6個の棒状にまとめる。

4 油を160℃に熱し、3を入れてゆっくりと揚げる。

＊ 天つゆ、おろしショウガなどで食べるとおいしい。

豆腐のチゲ

寒い冬には、温かい鍋物がいちばんのごちそうです。アサリには肝機能を高めるなどの効果があるタウリン（アミノ酸）、鉄分や亜鉛なども豊富です。パワーのつく豚肉や野菜を組み合わせて、豆腐のおいしさを楽しみましょう。コチジャンやトウガラシは、血行を良くして体を温めるので、免疫力を高めるのにも役立ちます。

【材料】 2人分

絹ごし豆腐……1丁
アサリ……10個
豚薄切り肉……100g
長ネギ……1本
キャベツ……200g
ニラ……1/2束

A
- ゴマ油……大さじ1
- コチジャン……大さじ2
- 粉トウガラシ……少々
- おろしニンニク……1かけ分

B
- しょうゆ、酒……各大さじ1
- 砂糖……大さじ1/2
- チキンスープの素*……小さじ1

＊化学調味料の無添加のもの

1 AをよくまぜたあとBを加え、混ぜておく。

2 豆腐は食べやすい大きさに切る。アサリは殻をこすり合わせてよく洗う。豚肉は一口大に切る。長ネギは斜め切りにする。キャベツとニラは食べやすい大きさに切る。

3 ゴマ油少々（分量外）で豚肉を炒め、アサリと水3カップ、1の調味料を加えて強火にかける。沸騰したら長ネギとキャベツ、豆腐を加えて中火にして煮る。アサリの口が開いたら、ニラを加えて火を通す。

福袋

開いた油揚げの中に、野菜や豆腐などを入れてじっくり煮込んだ「おふくろの味」。わが家では残りものの野菜や肉類なども入れ、冷蔵庫の整理がてらによく作る料理です。翌日のほうが、味がなじんで好評です。お弁当のおかずにも喜ばれます。

【材料】2人分

木綿豆腐……1/2丁
油揚げ……2枚
キャベツ……2枚
ニンジン……50g
植物油……小さじ1

A
塩……少々
しょうゆ……小さじ1

B
しょうゆ、みりん……各大さじ1
塩……少々
だし汁……2カップ

かんぴょう……適量

＊ かんぴょうがない場合、つまようじで止めても。

1 油揚げは半分に切り、破かないように中を開いて袋状にする。ざるにのせて、熱湯を回しかけて油抜きする。

2 豆腐は水切りをして小さく崩す。キャベツとニンジンは薄い短冊状に切る。

3 フライパンに植物油を入れて熱し、2を加えて炒める。油が回ったら、Aを加えてしんなりさせる。

4 3を油揚げに詰め、水で戻したかんぴょうで油揚げの口を結ぶ。

5 鍋にBを入れ、沸騰したら4を加える。再び沸騰したら落としぶたをし、弱めの中火にして20分ほど煮含める。

豆腐入り手作りフォー

フォーとは、日本のきしめんのような平たい米粉麺のことで、牛や鶏ガラでとっただし汁に、肉や野菜、さまざまなハーブ（バジル、コリアンダー、ニラ、ミントなど）をのせ、ライム果汁を加えて食べるものです。さっぱりとしておいしいので、ベトナムに行くとよく食べます。

【材料】2人分

おぼろ豆腐……200g

＊ おぼろ豆腐（寄せ豆腐ともよばれる）は、木綿豆腐が固まる途中で取り出したもの。

チンゲンサイ……2株

豆乳……1.5カップ（300cc）

フォー（左ページ参照）

A
- 手羽先……2本
- 煮干し（頭と腹ワタを取る）……15g
- コンブ……10cm
- 水……2.5〜3カップ

B
- 塩……小さじ1/2
- しょうゆ……大さじ1
- チキンスープの素……少々

1 鍋にAを入れて火にかける。沸騰したら弱めの中火で15分ほど煮て、こしてだし汁をとる。手羽先は食べやすくほぐす。

2 チンゲンサイはゆでて食べやすい大きさに切る。

3 フォーを作り、ゆでてざるにあげて水気を切る。

4 1のだし汁に豆乳を加え、Bで味を調え、ひと煮する。

5 器にゆでたフォーとほぐした手羽先、チンゲンサイ、おぼろ豆腐を盛り付け、アツアツの4を注ぐ。

手作りフォー　うどんを作るより簡単です。

【材料】2人分

米粉……1カップ
片栗粉……1/2カップ
水……約3/4カップ
塩……少々
打ち粉(片栗粉か米粉)……適量

＊米の品質、製造方法や水分含有量などで、多少の違いがあるので、水の量は要調節。

1　打ち粉、塩をボウルに入れて混ぜ、分量の水を少しずつ様子を見ながら加えて混ぜ、練ってひと固まりにする＊。

2　乾いたまな板に片栗粉を振り(分量外)、その上に1をのせ、米粉(分量外)を振る。麺棒などで平たく広げ、5㎜の厚さに伸ばす。米粉(分量外)を振りかけ、包丁できしめん状に切り、ほぐしてから熱湯に入れて5～6分ゆでる。途中、あまりかき混ぜるとちぎれてしまうので、注意する。さし水をして麺が浮かんできたら、火を止めてざるにあげる。

豆腐とアボカドの塩炒め

森のバターとよばれるアボカドには、オリーブ油と同じオレイン酸が多く含まれるので、過酸化脂質の発生を抑え、高血圧や動脈硬化を予防する働きが期待できるといわれています。豆腐との相性が良い食材です。

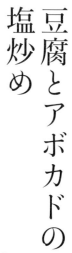

【材料】4人分

木綿豆腐……1丁
アボカド……2個
赤ピーマン……1個
ホタテ貝柱(中)……8個
油……大さじ1と1/2
塩……少々
粗びきコショウ……少々

1 豆腐は水切りを十分にして、8等分に切る。

2 アボカドは縦半分に深く切れ目を入れて種と皮を除き、2cm幅に切る。

3 赤ピーマンはヘタと種を除き、食べやすく乱切りにする。

4 フライパンに油大さじ1を入れてホタテを焼き、続いて豆腐を加え、両面を焼いて取り出す。

5 フライパンに油大さじ1/2を足し、赤ピーマンを入れて炒める。軽く火が通ったら、アボカドを入れて炒める。4のホタテと豆腐を戻し入れて炒め、塩とコショウで味を調える。

＊ ホタテを焼いたあとのうま味を豆腐にしみ込ませるように炒めるのがポイント。

豆腐とうどんの豆乳鍋

温かい鍋物は寒い冬のごちそうです。みそ味の豆乳は豆腐との相性がぴったり。薄味にしてうま味たっぷりの汁も味わいましょう。シュンギクやセリ、きのこ、白身魚など季節の食材はなんでも合います。

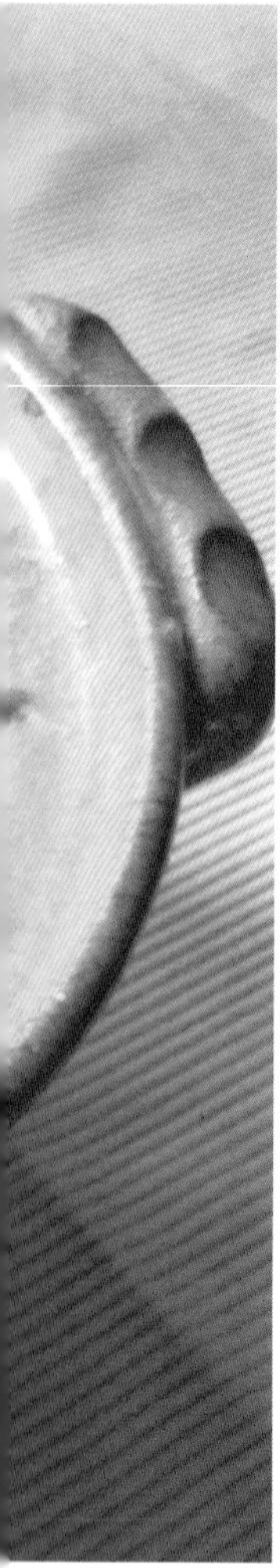

【材料】４人分

木綿豆腐……1丁
豚薄切り肉……200g
カボチャ……200g
コマツナ……1束
長ネギ……1本
だし汁（コンブやかつお節）
……3カップ
豆乳……2カップ
みそ……大さじ2と1/2
しょうゆ……大さじ1/2
ゆでうどん……2玉

1 木綿豆腐は8等分に切る。

2 豚薄切り肉は食べやすく切る。

3 カボチャは種を除き、2㎝幅の食べやすい大きさに切る。コマツナ、長ネギはそれぞれ4㎝長さに切る。

4 土鍋にだし汁を入れて沸騰させ、豚肉、カボチャを入れて煮る。

5 みそを豆乳で溶いて鍋に入れ、しょうゆを加えて味を調える。

6 うどん、コマツナ、豆腐、長ネギを入れて煮る。

豆腐入り根菜シチュー

冬にうま味が増しておいしくなる根菜は、ビタミンや食物繊維が豊富で、体を温める作用もあります。ゴボウは、軟らかく煮ればシチューによく合います。とろみづけに米粉を利用してみてください。

【材料】4人分

木綿豆腐……1丁
ゴボウ……100g
カブ……2個
ニンジン……1/3本
カボチャ……100g
生シイタケ……2枚
だし汁(コンブやかつお節)……3カップ
牛乳……2カップ
米粉……1/2カップ
塩、コショウ……各少々

1 豆腐は3㎝角に切る。

2 ゴボウは皮をこそげ取り、ささがきにする。カブは皮をむいて、1個を4つに切る。

3 ニンジンは拍子木切りにする。カボチャはひと口大に切る。生シイタケは石づきを取り、半分に切る。

4 だし汁にゴボウを入れて軟らかくなるまで煮る。ほかの根菜も加えて煮て、軟らかくなったら、豆腐を加えてひと煮する。

5 牛乳を加え、沸騰しかけたら火を弱め、同量の水で溶いた米粉を少しずつ加えて手早く混ぜ、2~ 3分煮込む。

6 とろみがついたら、塩とコショウで味を調える。

焼き豆腐とサツマイモのケチャップ煮

焼き豆腐とサツマイモは、ケチャップとよく合います。焼き豆腐は煮込むことで、代謝が上がり、肉類に負けない満足感を得られます。崩れにくく、味がしみ込みやすいので、便利な食材です。

【**材料**】2人分

焼き豆腐……1丁
サツマイモ……1/2本
タマネギ……1/2個
油……大さじ1

A
- ケチャップ……大さじ3
- 豆板醤……小さじ1
- しょうゆ……大さじ1/2
- 鶏ガラスープの素……少々
- 水……大さじ4

万能ネギ……適量

1 焼き豆腐は一口大に切る。サツマイモは1.5㎝幅の拍子切りにする。タマネギは薄切りにする。万能ねぎは小口切りにする。

2 フライパンで油を熱し、サツマイモとタマネギを炒める。

3 サツマイモに軽く火が通ったら、焼き豆腐とAを加えて混ぜながら煮る。

4 器に盛り付け、万能ネギをちらす。

豆腐と豆乳の和風グラタン

豆腐を使ったグラタンです。野菜はゆでたホウレンソウや軽く炒めたネギ、ハムやベーコン、ウインナーなどを使ってもおいしくできます。

【**材料**】4人分

絹ごし豆腐……1丁
（水切りをする）
サツマイモ……150g
カボチャ……150g
バター……10g
卵……1個
クリームコーン……1カップ
（クリームタイプの缶詰）
ピザ用チーズ……1カップ
豆乳……1カップ
みそ……大さじ1/2
塩、コショウ……各少々

1 サツマイモは皮をむき、カボチャは種と皮を除き、どちらも薄切りにする。

2 サツマイモとカボチャをバターで炒める。

3 ボウルに豆腐を入れて滑らかになるまでつぶし、割りほぐした卵とコーン、チーズを加えてよく混ぜ、豆乳で溶いたみそを加えてさらに混ぜる。塩とコショウで味を調える。

4 3に2を加えて混ぜる。

5 グラタン皿に4を流し入れ、200℃に温めておいたオーブン、またはオーブントースターなどで焦げ目がつくまで焼く。

豆腐とカキのオイスターソース炒め

冬はカキのおいしい季節。豆腐にカキのうま味がしみ込んだ一品です。カキは低脂肪、高たんぱくの食品。亜鉛が特に多く、そのほかに鉄分、カルシウムを含みます。活力源になるグリコーゲンも豊富です。

【**材料**】4人分

木綿豆腐……1丁
カキ……150g
片栗粉……適量
生シイタケ……4枚
シメジ……1パック
長ネギ……1本
ニンニク……1かけ
ゴマ油……大さじ2

A
オイスターソース……大さじ2
みりん……大さじ1/2
しょうゆ……大さじ1/2

1 豆腐は水切りをし、大きめのひと口大に切る。

2 カキは薄い塩水(分量外)で振り洗いをし、ザルにあげて水気をよく切り、片栗粉をまぶす。

3 生シイタケは石づきを除き、半分に切る。シメジは石づきを取り除いてほぐす。長ネギは3㎝の長さのぶつ切りにする。

4 フライパンにゴマ油大さじ1と薄切りにしたニンニクを入れて、火にかける。良い香りがしたらカキを入れて炒め、丸まったらカキを取り出す。

5 残りのゴマ油を足し、3を加えて炒める。火が通ったら1の豆腐を入れ、カキを戻し入れて、Aを加えて崩れないように炒める。

豆乳入り中華風粥

豆乳を入れるので、お粥にコクが出ます。お粥をかき混ぜ過ぎるのは禁物。吹きこぼれを防ぐために、大きめの鍋で作りましょう。マツの実やクコの実、白身魚、ホタテの貝柱なども中華粥によく合います。

【**材料**】２人分

米……1/2カップ
熱湯……3カップ
豆乳……2カップ
ゴマ油……大さじ1
鶏もも肉……1/2枚
絹ごし豆腐……1/2丁
ショウガ……1かけ
万能ネギ……適量
塩……適量
ゴマ油……大さじ1/2

1 鶏肉は塩を軽く振ってしばらく置く。ショウガは千切りにする。

2 鍋にゴマ油とショウガを入れて炒める。良い香りがしだしたら、米を入れて焦げないように炒める。油と米がなじんだら熱湯を注ぎ、鶏肉を加える。再び沸騰したら弱火にして木べらで鍋底に付いた米をはがすように混ぜ、40分煮る。

3 豆乳を加え、さらに10分煮込む。

4 鶏肉を取り出し、食べやすく細切りにする。豆腐は8㎜角に切る。万能ネギは小口切りにする。

5 器にお粥を盛り付け、上に4をのせる。

豆腐入りさつま揚げ

サケなどの白身魚に豆腐を加えて作ると、ふんわりと口当たりが軟らかくなって、食べやすくなります。野菜を少し入れると、食感に変化が出ておいしさを楽しめます。

【材料】2人分

木綿豆腐……1/2丁
白身魚（サケやタラなど）……150g
卵……小1個
ショウガ汁……1/2かけ分
塩……少々
片栗粉……大さじ1
大根……150g
万能ネギ……少々
揚げ油……適量

1 豆腐はしっかりと水切りをする。大根はおろして水気を軽く切る。万能ネギは小口切りにする。

2 白身魚は皮と骨を除いて粗く刻む。すり鉢（フードプロセッサーなどでも可）で豆腐、白身魚をよくすりつぶす。卵、ショウガ汁、塩、片栗粉を加えてすり混ぜ、種を4等分する。

3 手に油を塗って小判型にまとめ、熱した揚げ油で揚げる。

4 器に盛り付け、大根おろしをのせて万能ネギを散らす。

ホロホロ豆腐

豆腐にサバの缶詰を加えて、ホロホロのふりかけ状にしたものです。ご飯にのせるだけでなく、おにぎり、チャーハン、焼きそばやパスタ、卵焼きに入れても目新しい味を楽しむことができます。サバ缶の塩分量で、調味料は加減してください。

【材料】2人分

木綿豆腐……1丁
サバ（しょうゆ味）……1缶（90g）
白ゴマ……大さじ2
削りかつお節……1袋（5g）
ショウガ……1個（親指大）
植物油……大さじ1
しょうゆ……大さじ1

1 豆腐はしっかりと水切りをし、細かくつぶす。

2 サバ缶は水気を切り、ほぐす。ショウガはみじん切りにする。

3 フライパンに油を入れて熱し、ショウガと豆腐、サバを入れて中火で細かくほぐしながら炒める。

4 ゴマと削りかつお節を振り、全体に混ぜ合わせる。仕上げにしょうゆを回しかけて炒める。

厚揚げのネギみそはさみ

ネギみそは、多めに作って保存しておくと重宝します。おにぎりや豆腐のトッピング、野菜スティックのディップ（ソース）などにも便利です。

【材料】 2人分

厚揚げ……1枚
長ネギ……1/2本
みそ……大さじ1
みりん……大さじ3
すりゴマ……大さじ1
植物油……小さじ1

1 厚揚げは、1枚を4等分に切る。

2 長ネギは粗みじんに切り、植物油で炒めて、甘みと香りを出す。

3 2にみそとみりんを入れて弱火で混ぜながらアルコール分を飛ばし、少し煮詰めて、すりゴマを加えて混ぜる。

4 厚揚げに、切れ目を入れる。切れ目の間にネギみそをはさむ。

5 オーブントースターかグリルなどで4を温める。

焼き豆腐とイカの煮物

イカは火が通ったら一度取り出しましょう。うま味たっぷりのイカの煮汁で、焼き豆腐をじっくり煮詰めるのがコツです。

【**材料**】２人分

焼き豆腐……１丁
イカ……１ぱい
長ネギ……１本
ショウガ……１かけ

◉調味料
だし汁……１カップ
しょうゆ……大さじ1
みりん……大さじ2
酒……大さじ2

1 焼き豆腐は1丁を四つに切る。

2 イカは内臓などを除いて下処理をし、胴は食べやすい輪切りにし、足は2～3本ずつに切り分ける。

3 長ネギは4㎝の長さのブツ切り、ショウガは薄切りにする。

4 鍋にだし汁以外の調味料とショウガを入れ、イカを入れて煮る。火が通ったら、イカは一度取り出す。

5 4の中にだし汁を入れ、焼き豆腐を入れてコトコト煮含める。焼き豆腐に味がしみてきたら、長ネギ、イカを入れ、5分ほど煮て、火を止める。

豆腐とタラの韓国風鍋

寒い日におすすめです。コチジャンは、いろんな種類があるので、好みのものを選びましょう。最後にご飯やうどんを加えてもおいしいです。

【材料】2人分

絹ごし豆腐……1丁
タラ……1切
長ネギ……1本
カボチャ……150g
エノキダケ……1袋
シュンギク……1/2束

◉調味料
コチジャン……大さじ2
みそ……大さじ1
しょうゆ……大さじ1
みりん……大さじ1
おろしニンニク……1かけ分
鶏ガラスープ……3カップ

1 豆腐は食べやすく切る(6～8等分)。

2 タラを4等分にし、熱湯を回しかける。

3 長ネギは斜め薄切り、カボチャは5㎜の薄切りにし、食べやすい大きさに切る。エノキダケは石づきを取り、長さを半分に切ってほぐす。シュンギクは食べやすく切る。

4 鍋にスープと調味料を入れて煮立て、1～3の具材を入れて火を通す。

Side Dish

料理にもっと米粉を

製粉技術の向上で、うるち米を小麦粉と同じくらいの細かい粉にできるようになり、米粉はとても使いやすくなりました。パンやケーキ、麺類、天ぷらやコロッケなどの総菜にも利用されるようになり、グルテンフリーなので人気です。小麦アレルギーの人には助かる食材です。

米粉は、水を加えても小麦粉のようにダマにならないので、シチューやスープ、あんなどのとろみづけに重宝します。揚げものに使うと、米粉は小麦粉より油の吸収率が少ないので、ヘルシーに仕上がり、時間をおいてもベチャッとなりにくい特長があります。

麺類も手軽に作れます。水を加えてこねたあと、小麦粉のように寝かせる必要がないので、短時間で仕上がります。

コクがある中華粥で体がポカポカに

中華粥は疲れた胃腸にやさしく、体を芯から温めて、血行を促す作用があります。米1に対して水10の割合で作ります。日本のお粥と違って、鶏ガラスープや干しエビなどで炊いているので、コクがあり、味が付いているのが特徴です。ショウガが入っているため、体がポカポカしてきます。

米を炒め、油と十分なじませてから熱湯を注いで炊くと、粘り気の少ないおいしい中華粥に仕上がります。粥の上にいろいろトッピングして、栄養のバランスとおいしさを楽しみましょう。

中国では朝食を外で食べる人が多く、町の中華粥屋さんに入ると、小学生が1人で食べていたり、中学生らしいグループが粥を食べながら、ノートを交換している姿を見かけて、少々驚いたものです。

おわりに

本書をお読みいただいて、いかがでしたか。

豆腐があれば、動物性のたんぱく質に頼らなくてもおいしい一品が作れます。

おまけに豆腐は、体の調子を整え、免疫力をアップさせるすぐれた機能性食品です。

パワーフードとよばれる大豆は消化吸収に難点がありますが、豆腐に加工することで大豆の栄養成分を無駄なく取り入れることができます。

肉食に偏りがちで生活習慣病予備軍といわれる子どもたちにも、豆腐のおいしさと良さを、料理を通じて教えてあげてください。

とびきり上等な豆腐でなくても大丈夫。いつもの食べ慣れた町の豆腐屋さんやスーパーの豆腐で、十分おいしい料理が作れます。豆腐と旬の食材を組み合わせることで、料理のバリエーションが広がり、味にうま味や深みが加わって、食卓が豊かなものになることでしょう。

本書が皆さんの健康に役立ち、豆腐料理を楽しんでいただく一助となれば幸いです。

２０２１年９月吉日

池上保子

巻末付録 大豆の健康効果

美肌や更年期不調、がん予防に効果が

大豆には

・美肌
・肥満防止
・糖尿病やがん、認知症の予防
・更年期不調の緩和

といったうれしい効果がたくさんあります（左ページ参照）。

「筋肉を増やすには、肉をたくさん食べること」と思われがちですが、じつは、筋肉の維持や増強にもっとも役立つのは、大豆の良質なたんぱく質です。

運動不足で筋肉量が減少している人でも、大豆を食べていると萎縮が抑えられることがわかりました。無重力の宇宙に行く宇宙飛行士は、筋力が落ちて、地球に帰ったときは歩くのも困難になります。徳島大学宇宙栄養研究センターでは、この宇宙飛行士の急激な筋力低下を研究する過程で、大豆には肉や魚とは違う特殊な構造を有するたんぱく質があることを発見。17年かけて、筋肉が維持される仕組みを解明しました。

大豆のすぐれた機能性成分

トリプシンインヒビター
糖尿病の治療や予防に期待

たんぱく質・ペプチド
血圧調整　肥満防止

レシチン
脂質代謝改善　脂肪肝予防

カルシウム
骨や歯を強くし、ストレスにも効果

コリン
記憶力アップ　認知症予防

オリゴ糖
腸内の善玉菌・ビフィズス菌増殖

サポニン
抗酸化作用　がん細胞増殖抑制

大豆イソフラボン
女性ホルモン効果　骨粗しょう症予防

ビタミンE・亜鉛
美肌などに効果

オレイン酸
善玉コレステロール増加　血液サラサラ

大豆の栄養素

大豆は、たんぱく質（筋肉や骨、皮膚、髪の毛などを構成）、炭水化物（エネルギー源）、脂質（体温を保ち、正常なホルモンの働きを助ける）の三大栄養素が豊富です。

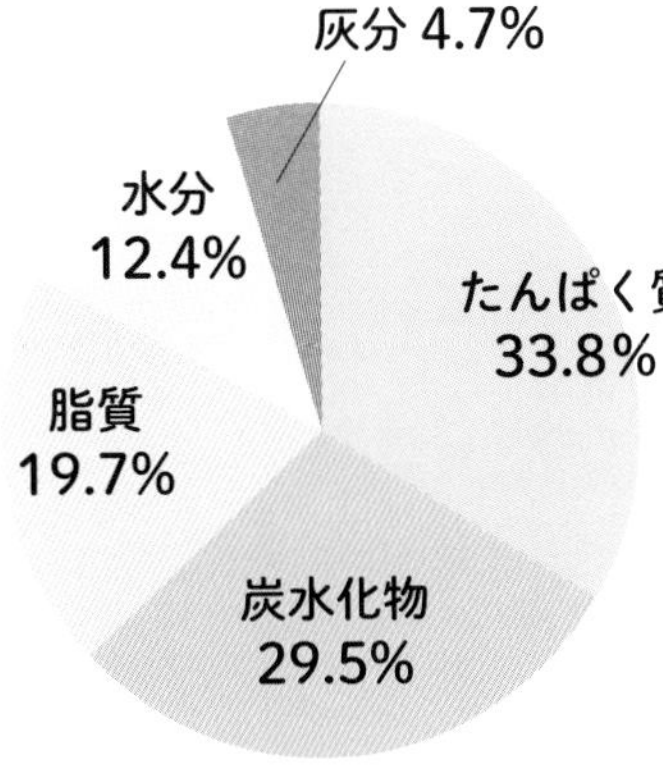

豆腐の二大特徴

大豆は豊富な有効成分を含んでいますが、残念ながら消化が良くありません。その大豆を消化吸収しやすく加工したのが、豆腐です。大豆に含まれるさまざまな栄養成分をほぼ１００％吸収できる豆腐は、偉大な加工品といえます。

豆腐の特徴としては、不飽和脂肪酸が含まれていること。なかでも、とくに多いリノール酸とリノレン酸は、人間の体内では合成できないので、食べものからとらなければならない必須脂肪酸です。これらは酸化しやすい油ですが、豆腐に加工するさいにたんぱく質で覆われるため、酸化しません。

もう一つの特徴は、カルシウムをたっぷり含んでいること。カルシウムは吸収されにくいという欠点がありますが、良質のたんぱく質と一緒にとると、吸収率がアップすることがわかっています。ただし、絹豆腐は木綿豆腐の３分の１しか含んでいないので、カルシウム摂取には木綿豆腐がより良いです。

＊木綿豆腐１００ｇ（３分の１丁）に１２０㎎のカルシウムを含みます。

こうや豆腐は栄養素がさらに豊富

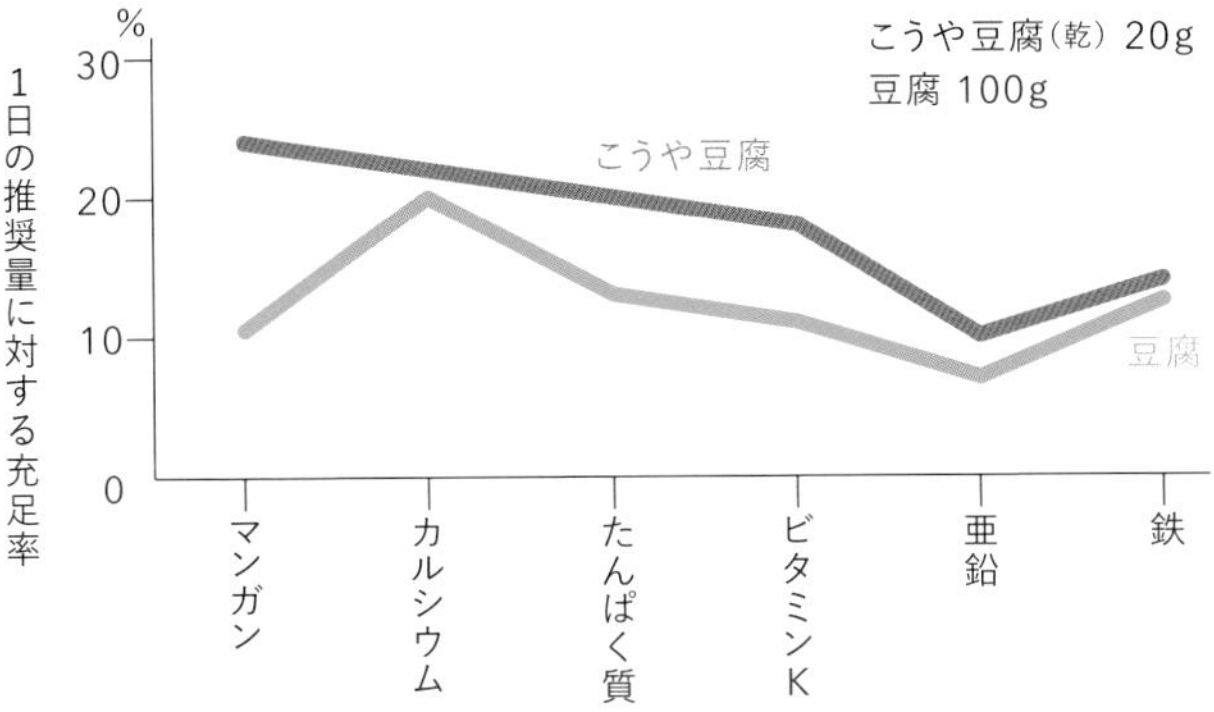

（『食品成分表2021』より作成）

和洋中に使えるこうや豆腐

こうや豆腐は、豆腐を凍らせてから乾燥させたもの。誕生から８００年以上の歴史があり、しみ豆腐や凍り豆腐ともいわれています。

良質なたんぱく質をはじめ、ビタミンＫやマンガンなど、現代人に不足しがちな栄養素が、豆腐よりもさらに豊富です（上図参照）。

最近では、こうや豆腐に含まれる「レジスタントたんぱく」が余分なコレステロール値を減少させるなど、生活習慣病の予防効果が認められる研究結果も。

じつは、和食以外との相性も抜群なこうや豆腐。中華や洋食のほか、粉末状のこうや豆腐がお菓子の材料としても使われており、工夫次第で離乳食から高齢者の食事まで幅広く活用できます。

池上 保子
（いけがみ やすこ）

料理研究家、管理栄養士、豆腐マイスター。
病院の管理栄養士として、治療食の献立作成、調理・栄養指導、
看護学校講師などの業務に24年間携わったのち、フリーに。
著書は『コマッタさんのホイホイ料理』（あゆみ出版）のシリーズ、
『やさしい離乳食』（赤ちゃんとママ社）、
『おいしいね！ママの和食』（主婦と生活社）のほか、
お弁当やおやつ、治療食の本など多数。

撮影・スタイリング　池上正子
組版・装幀　吉良久美
校正　春田薫
編集担当　下村理沙

豆腐×旬の食材
豆腐が主役になる56のレシピ

2021年11月10日　第1刷発行

発行　株式会社食べもの通信社
発行者　千賀ひろみ
〒101-0051 東京都千代田区神田神保町1-46
電話 03-3518-0621　FAX 03-3518-0622
振替 00190-9-88386
ホームページ http://www.tabemonotuushin.co.jp/
発売　合同出版株式会社
印刷・製本　株式会社光陽メディア

ISBN 978-4-7726-7713-4　NDC 596　210 × 148